LE CHANT DU BIENHEUREUX

LA BHAGAVAD GÎTÂ

Calligraphies de

JIGMÉ DOUCHE

ALBIN MICHEL

La *Bhagavad Gîtâ*, ou le “Chant du Bienheureux”, est un pur joyau de l’hindouisme, salué en Occident par Aldous Huxley comme “l’un des plus clairs et complets condensés de philosophie éternelle”. Située dans l’écrin de l’immense poème épique, le célèbre *Mahâbhârata*, composé quelques siècles avant J.-C., elle en forme un bref épisode de sept cents versets, constitué par un dialogue entre le prince Arjuna et le seigneur Krishna. Par la qualité des interlocuteurs et l’enseignement spirituel qu’il offre, cet échange sublime touche encore profondément le lecteur d’aujourd’hui, soulevant les questions essentielles sur la vie, l’action, la connaissance de soi, Dieu…

Le cadre de la *Gîtâ* est un champ de bataille où vont s’affronter deux armées. Au centre de ce drame, Arjuna, le meilleur des archers, qui combat pour une juste cause, et le sage Krishna qui, dans ce conflit, a choisi de conduire le char de son ami. Lorsque s'ouvre la *Gîtâ*, le char est amené au milieu des deux armées, et Arjuna contemple les forces en présence. Mais soudain, horrifié par le massacre qui se prépare, paralysé par l'angoisse, il refuse de s'engager dans ce combat fratricide. Et, dans le temps suspendu, s'élève sa plainte. Humblement, il supplie Krishna, son guide, de lui conseiller une ligne de conduite acceptable.

C'est alors que Krishna manifeste sa véritable nature, et devient le *Bhagavan*, le Seigneur, l'Instructeur divin. Plus qu'une loi d'action, c'est une véritable initiation à la vie divine qu'il va donner à son disciple. À maintes reprises, il évoque, comme un modèle à suivre, la figure sereine du Sage accompli, du yogi équanime, qui seul sait agir sans attachement. Révélant le mystère des forces qui mènent le monde, il prépare Arjuna à recevoir le grand secret qui fonde toute action, toute connaissance : ce monde est issu d'une seule et unique Essence, Krishna lui-même, dans son aspect suprême, absolu.

Cette présence divine au cœur de chaque être commande la loi d'Amour, ultime Vérité à laquelle l'âme, dégagée des liens d'ignorance, doit finalement s'abandonner. C'est le sens même de l'impératif de l'avant-dernier verset cité dans ce Carnet : "Abandonne toutes les règles, tous les dogmes, et prends refuge en moi seul." Le message éternel, le chant de Krishna a été entendu. L'esprit clair, Arjuna affirme avoir recouvré la mémoire, sa mémoire de "fils de l'immortalité", qui est conscience de sa propre nature divine. C'est du centre de cette conscience qu'il agira désormais, uni à Krishna, au Maître intérieur.

D'un destin individuel, la *Gîtâ* fait un modèle universel. Ne laissant dans l'ombre rien de ce qui concerne la bataille de la vie, elle nous montre la voie de la liberté spirituelle. L'injonction première est d'agir. C'est la marche initiale de ce yoga, dont le secret réside dans l'annihilation du désir égoïste. Pour s'en libérer, le chercheur offre tous ses actes au Divin, qu'il pressent, et reconnaît peu à peu comme le Maître des œuvres. La volonté purifiée, calme et concentré, il peut accéder à la compréhension du jeu cosmique, et à l'expérience de l'unité essentielle qui relie toutes choses. Sa vie entière devient alors une offrande parfaite au Suprême, dont il est l'instrument et l'adorateur, dans un abandon sans réserve.

Ainsi s'entrelacent, au fil des dix-huit brefs chapitres, les trois mouvements de la recherche, cette triple voie du yoga de l'action, de la connaissance et de l'amour. La *Gîtâ* en fait une vivante synthèse, déployant sur tous les plans ses pouvoirs de transformation et d'illumination, préparant pour chacun "l'envol de l'un vers l'Un".

Les vingt-deux versets ici présentés, magnifiés par le trait inspiré du calligraphe, font goûter l'intensité et la douceur de cet échange unique entre le Divin incarné et l'Homme en quête de Vérité.

Hélène Marinetti

Arjuna dit :
Je suis ton disciple
et je prends refuge en Toi ;
éclaire-moi, Krishna,
je t'en prie.

En souriant, Krishna eut ces paroles :
L'âme incarnée ne naît pas, ni ne meurt.
Ce n'est pas une chose qui disparaît
pour ne plus jamais revenir à l'existence.
Sans naissance, éternelle, sans fin,
ancienne, elle n'est pas détruite
quand le corps est détruit.

De même que l'on quitte
des vêtements usés
pour en prendre de nouveaux,
de même **l'âme incarnée**
rejette les corps usés
pour en revêtir de nouveaux.

Certaine est la mort
pour qui est né,
certaine est la naissance
pour qui est mort.
Sur ce qui est inévitable,
ne te lamente pas.

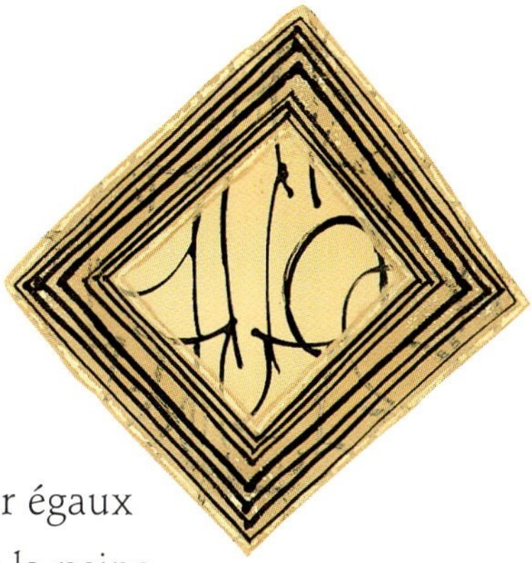

Tiens pour égaux
le plaisir et la peine,
le gain et la perte,
la victoire et la défaite,
et entre dans **la bataille**,
ainsi tu éviteras tout mal.

Accomplis tes actes, Arjuna,
libre de tout attachement,
égal dans le succès comme dans l'échec.
Cette égalité d'âme est appelé Yoga.

ग
यो
सिद्ध्य सिद्ध्योः
स मो भू त्वा
स ते म
त्वं उ
च्य

Tu as droit à l'action
mais jamais à ses fruits.
N'accomplis pas l'action
pour le fruit qu'elle procure,
mais ne sois pas non plus
attaché au non-agir.

Arjuna demanda :
Krishna, quel est le signe
de l'homme fermement établi
dans la sagesse,
absorbé dans la contemplation ?
Comment parle-t-il ?
Comment s'assied-il ?
Comment marche-t-il ?

Krishna répondit :
Celui dont les chagrins
n'affectent pas l'esprit,
qui demeure libre de désir
au milieu des plaisirs,
celui qu'ont quitté passion,
peur et colère, cet homme-là,
calme et posé, est appelé un sage.

Comme un navire emporté par le vent
sur les eaux, celui dont l'esprit
se laisse égarer par les sens vagabonds
voit bientôt sa sagesse emportée.

Arjuna demanda :
– Qu'est-ce qui pousse l'homme
à faire le mal, même contre sa volonté,
comme s'il y était contraint ?
– C'est le désir et la colère, nés de la passion.
Vorace et malfaisant, **le désir** est ici-bas
le grand ennemi, sache-le.

Pas plus que l'eau n'a de prise
sur **la feuille de lotus**,
le mal n'affecte l'homme
qui a abandonné
tout attachement, et qui fait reposer
ses actes sur l'Harmonie du Brahman.

Celui qui trouve sa satisfaction
dans la connaissance, et qui,
imperturbable et maître de ses sens,
tient pour **égaux** la motte de terre,
la pierre et l'or, on dit qu'il est uni au Soi.

सम
लोष्ट
अश्म
कञ्चनः

L'homme qui abandonne tous les désirs,
qui vit et agit libre de tout appétit,
qui n'a ni « moi » ni « mien », accède à la Paix.

Écoute-moi bien, Arjuna. Je vais t'exposer, sans réserve, cette connaissance qui, lorsqu'on la possède, permet de connaître les choses d'ici-bas.
Au-delà de moi, il n'y a rien d'autre ; tout cet **univers** est suspendu en moi comme une multitude de perles à un fil.

Krishna dit :

Je suis la saveur des eaux.
Je suis la lumière de la lune et du soleil.
Je suis la syllabe OM dans tous les Veda.
Je suis le son dans l'éther
et la vitalité en l'homme.

ॐ

ગ ત
મૈ ત્રી
પ્ર મું
સા શો
લવ સ:
શ ણાં
સુ હૃત

Je suis la Voie
et le soutien,
le maître et le témoin.
Je suis le bienveillant,
le refuge et l'ami.
Je suis l'origine,
la permanence
et la dissolution.
Je suis la matrice
et la semence
impérissable.

Parmi les lettres, je suis le A.
C'est moi qui réside au cœur
de toutes les créatures, Arjuna,
et de tous les êtres
je suis le commencement,
le milieu et la fin.

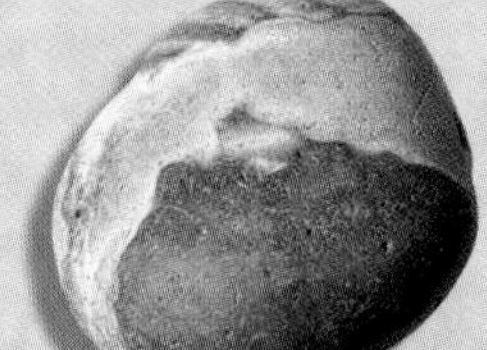

Chaque fois que la **Vérité** décline,
je me fais moi-même créature,
et je nais d'âge en âge
pour protéger les justes.

Que l'on m'offre avec ardeur
une feuille, une fleur,
un fruit ou de l'eau,
et j'accepte cette offrande
faite **avec amour**
par une âme fervente.

Abandonne
toutes les règles, tous les dogmes,
et prends refuge en Moi seul.
Je te délivrerai de tout mal.

अहं
त्वां
सर्व पापे
भ्यो मोक्षयि
ष्यामि

Arjuna dit :
Ma confusion a été dissipée,
inébranlable Krishna, et par ta grâce,
j'ai recouvré la mémoire.
Me voici raffermi, **le doute m'a quitté**.
J'agirai selon ta parole.

सम
लोष्ट
अश्म
कञ्चनः

Jigmé Douche

La recherche de la structure intérieure de l'écriture tibétaine m'a naturellement amené à puiser aux sources de la culture indienne. Jusqu'alors, je calligraphiais la langue sanskrite avec l'alphabet tibétain, complété au VIIIe siècle, pour transcrire les *sûtras* bouddhiques. Le *sûtra du cœur*, sur lequel je travaille depuis plusieurs années, m'avait déjà donné l'occasion d'utiliser la voyageuse écriture brahmî du Turkestan. Calligraphier les versets majeurs de la *Bhagavad Gîtâ* fut pour moi une étonnante opportunité de remonter à l'origine du signe, qui n'est autre que le son !

Dans la vallée de l'Indus, au IIIe millénaire avant notre ère, apparaît la première écriture indienne. Foyer d'une culture florissante, dotée d'un système social élaboré et d'un panthéon divin, cette civilisation avait en effet élaboré une écriture dite de l'Indus. Elle reposait sur un système pictographique (voir la pierre illustrant le verset sur la motte de terre) et phonographique. Presque deux mille sceaux, dont quelques-uns furent retrouvés jusqu'à Sumer, viennent attester de son existence, même si elle garde toujours son mystère.

Les célèbres édits de l'empereur Ashoka (environ 260-230 avant J.-C.), gravés principalement sur des piliers du nord de l'Inde, constituent les premiers écrits indiens déchiffrés. Se repentant des massacres perpétrés pendant ses guerres de conquête, Ashoka se convertit au bouddhisme. Ses édits proclament sa foi dans la loi du *Dharma* et sa volonté de tolérance. Ils sont gravés en kharoshtî, en brahmî, deux écritures majeures de l'époque, mais aussi en grec, en araméen.

En Inde, l'écriture s'inscrivait dans un contexte où la parole s'avérait très valorisée. La culture indienne reposait sur les Veda ou "Livres de la connaissance". Ces recueils d'hymnes et d'incantations rituelles, appelées *mantras*, étaient chantés durant les sacrifices offerts aux dieux. La technique du chant, qui s'appuie sur la mélodie, permettait une excellente mémorisation et un enseignement direct. Supports de base des manuscrits, les feuilles de palmier et l'écorce étaient, en raison du climat de l'Inde, aisément dégradables. Face à la qualité de la transmission orale, cette fragilité mit l'écrit au second plan.

L'art du chant plaçait au premier plan les règles du langage et la phonétique. Panini (IVe siècle avant notre ère) leur donna une impulsion, en développant les bases orales d'une science grammaticale. Les sons utilisés par la langue indienne furent répertoriés en fonction de deux critères : comment et où sont-ils prononcés ? À partir de cet inventaire fut conçu l'alphabet syllabique brahmî (voir ci-dessous), une des quatre écritures dont je me suis servi pour calligraphier certaines pages de ce Carnet. La première ligne correspond aux voyelles (a, a aspiré, i, ou, é, o, am) ;

elles se prononcent dans un souffle sans butoir, dégageant une vibration pure qui s'accorde avec l'articulation des consonnes.

En analysant les sons selon leur lieu d'émission – la gorge, le palais, le devant du palais, les dents et les lèvres –, cinq familles de consonnes furent créées. La brahmî se compose également de semi-consonnes et de sifflantes. La particularité de cet alphabet réside dans le fait que, dans toutes les consonnes, le son “a” se prononce toujours : ka, kha, ga… Mais le plus étonnant, pour moi, fut de découvrir que tous ces signes étaient contenus dans l’étoile, le cercle astral et le point, intégrant tous les traits de base de la brahmî, née, selon une légende, du dieu Brahmâ, créateur de l’univers. Le signe qui chapeaute l’alphabet représente la fameuse syllabe “Om”, sous sa forme la plus archaïque. “Om”, son-racine pour les hindouistes, contient phonétiquement “Aom” ou “Aum”. La voyelle “a” est fortement intériorisée en “o” profond, puis remonte nasalisée au cerveau en “m”. La récitation du “Om”, considéré comme la syllabe sacrée précédant l’univers, constitue une pratique de yoga qui permet, à travers le chant, d’unifier corps et esprit.

En respectant un principe simple – tracer le son tel qu’il circule dans la bouche –, les savants indiens d’il y a 2500 ans élaborèrent un système syllabique très logique. L’alphabet de quarante signes est dessiné de manière cohérente : en huit familles et par déclinaison. Étaler l’alphabet, du “a” à son final aspiré “ha”, c’est symboliquement représenter ce qui anime l’univers : la vibration. Comme l’écriture phénicienne, la brahmî est une écriture mère ;

elle est à l'origine de presque toutes les écritures indiennes, mais aussi de celles répandues dans l'ancienne Sérinde de la route de la soie, au Tibet, au Népal, au Srî Lanka, au Cambodge et en Indonésie. Étonnant paradoxe pour une société qui privilégie la parole ! Mais les qualités de la brahmî lui permettaient d'être reprise et intégrée dans d'autres cultures.

Trois autres écritures issues de la brahmî sont présentes dans cet ouvrage. La siddham "réussie", issue de la gupta du VIe siècle, fut largement associée à la diffusion du bouddhisme, via la route de la soie, jusqu'au Japon. Dotée d'un dessus, ou tête, la siddham est constituée d'une ligne horizontale haute qui caractérise les écritures de l'Inde du Nord. La nâgarî "citadine" (voir le morceau de brique), implantée à partir du IXe siècle, est devenue en devanâgarî "citadine des dieux" ; elle est l'écriture d'excellence de la langue sanskrite. La gujarâtî, du pays Gujarat, est une forme beaucoup plus cursive, qui ne trace pas de tête aux lettres mais utilise un trait de portée. Pour calligraphier, je me suis servi d'une plume à large bec en bambou et d'un bâtonnet pointu, en référence au calame et au stylet des écritures du Nord et du Sud.

Sur la base de ces écritures, j'ai essayé de restituer l'atmosphère multiforme et foisonnante de l'Inde. La teinte dominante est l'orange, couleur des *saddhus*, “personnes saintes”, et symbole de la recherche de la connaissance. Le blanc est la couleur d’Arjuna ; il évoque également les prêtres brahmanes et le lait. Les pages blanches de ce Carnet sont ainsi conçues comme une couleur. Le jaune symbolise la lumière et rappelle les feuilles de papier teintées à l’orpiment. Les encres rouge et noire accentuent les effets de contraste. L’idée conductrice fut d’utiliser des tons à l’image de la terre indienne, où la poussière et la couleur de la peau ont de nombreuses variations. Sensuelles, ces couleurs correspondent à l’approche fortement sensitive et corporelle de l’Inde.

Les formes en elles-mêmes participent à la création de ces planches calligraphiques. Le cercle illustre le temps cyclique. Le carré exprime l’idée de confrontation, de face à face entre les deux clans. La colonne indique le lien qui unit la terre au ciel, l’humain au divin. L’ovale est rattaché à un objet rituel hindouiste : le *linga*, énergie créatrice d’où jaillit l’univers ; il suggère la fusion du féminin et du masculin. Cette image se retrouve dans la forme du triangle qui, dans un sens, représente le féminin, et dans l’autre, le masculin ; ensemble, ils incarnent l’union sexuelle, l’entière complémentarité entre deux êtres. La présence des galets, que j’ai ramassés au bord du fleuve Indus, sur les contreforts de l’Himalaya, correspond, comme la forme du point – petit cercle ou petite flamme –, au *bindu* ; il est la source de toute création et le point où toute chose retourne.

Le yoga me fournit la toile de fond sur laquelle j'ai travaillé. Un maître tibétain me disait : "Quand tu calligraphies, calligraphie." Cette expression m'a éclairé sur le sens de l'enseignement contenu dans "le yoga de l'action". Ce maître m'indiquait que calligraphier, c'est agir, sans avoir peur, sans chercher à faire une "belle" œuvre ; l'œuvre ainsi se réalise. J'ai puisé dans les trois *gunas* ou natures de l'énergie pour animer les calligraphies. Tantôt elles ont été créées dans le mouvement, l'activité, la pulsion, voire la confrontation. Tantôt elles ont été pensées selon la tradition, respectueuses de l'écriture, de la forme, de la couleur ; le moteur de l'inertie, du non-mouvement m'a alors guidé. Je me reposais sur une structure pour apaiser les compositions. L'inertie n'est pas synonyme de non-agir. Elle décrit au contraire une forme qui offre du contentement, elle est l'autre versant de la dynamique. Au final, et là réside toute ma recherche, je me suis servi de deux forces qui, couplées, s'équilibrent harmonieusement. La composition réalisée pour la page sur le lotus en offre une illustration. Le thème principal des calligraphies est typographié en gras dans le texte.

Pour réaliser ce Carnet, j'ai suivi un cheminement par le corps et l'esprit. Cette pratique de yoga a précédé et accompagné la création calligraphique en hommage à la dimension indienne et universelle de la *Bhagavad Gîtâ*.

Jigmé Douche

DANS LA MÊME COLLECTION :

Poésie chinoise de François Cheng,
calligraphies de Fabienne Verdier.

Les Quatrains de Rûmî,
calligraphies de Hassan Massoudy.

Le Manuel d'Épictète,
calligraphies de Claude Mediavilla.

Le Cantique des cantiques,
calligraphies de Frank Lalou.

Poèmes zen de Maître Dôgen,
calligraphies de Hachiro Kanno.

Le Cantique des créatures
de François d'Assise,
calligraphies de Frank Missant.

Poèmes tibétains de Shabkar,
traduits par Matthieu Ricard,
calligraphies de Jigmé Douche.

L'Harmonie parfaite d'Ibn 'Arabî,
calligraphies de Hassan Massoudy.

Le Dieu des hirondelles,
Poèmes de Victor Hugo,
présentés par Robert Sabatier,
calligraphies de Claude Mediavilla.

L'Évangile de Thomas,
traduit par Jean-Yves Leloup,
calligraphies de Frank Lalou.

Tous les désirs de l'âme,
Poèmes d'Arménie,
traduits par Vahé Godel,
calligraphies de Achot Achot.

Collection dirigée
par Jean Mouttapa et Valérie Menanteau
Photographies de Sylvie Durand
Maquette de Céline Julien

Site internet : www.albin-michel.fr
Dépôt légal : novembre 2002
N° d'édition : 12575 ISBN 2-226-12987-1
Imprimé en France par Pollina S.A. 85400 Luçon : N°L87654a

Les Carnets du calligraphe sont imprimés sur papier Périgord contraste,
la jaquette sur Vergé. Les textes sont composés en Schneidler.